亿阳集团股份有限公司

亿阳集团股份有限公司经过二十几年的锐意进取、真抓实干、创新超越和顽强拼搏，从一个民办研究所发展成为以 IT、能源、资源、新材料和健康产业为主要业务领域的高科技产业集团，更以对行业的深刻理解和敏感预见，从股权投资、产业基金等方面推动创业与创新，是中华人民共和国科学技术部首批认定的"全国重点高新技术企业"之一。亿阳信通更是首批被国家科技部、国务院国资委、中华全国总工会认定的"全国 91 家创新型企业"之一。近 10 年来，亿阳集团股份有限公司及其控股公司上缴税金累计超过人民币 27 亿元，社会公益事业捐赠累计超过人民币 2.3 亿元；亿阳集团股份有限公司投资的参股公司上缴税金累计超过人民币 100 亿元，社会公益事业捐赠人民币近 1.5 亿元，显示出健康可持续发展的后劲。

亿阳信通（600289）于 2000 年 7 月在中国上海证券交易所上市，注册资金 5.7 亿元，市值近 70 亿元，是中国最大的应用软件开发商和行业解决方案提供商之一，在电信网络管理系统领域居龙头地位，解决方案和市场占有率均排名第一。

亿阳信通股份有限公司于 1997 年成立，亿阳集团股份有限公司、北京邮电大学和 IBM 是公司三大股东，公司员工迄今超过 3000 人。其业务覆盖 31 个省，包括电信行业（中国移动、中国联通、中国电信）、交管行业、能源行业、信息安全、金融与保险、政府行业等。

亿阳集团股份有限公司的主要业务领域：

IT 在第一个 12 年实现了电信网管软件和智能交通国内领先。

能源 在第二个 12 年实现了民营石油开采的前三名，民营风力发电的 No.1。

资源 除金、银、铜、铅、锌等资源外，民企中拥有最大的钨锡矿资源储量，并正在努力获取石墨等优质矿产资源，同时致力于尾矿综合利用等高新技术的推广与应用。

新材料 在推广获得三个唯一地位的土质固化剂产品的同时，正在从事石墨的精深加工。

健康产业 致力于医疗养生、健康饮食为客户提供高端服务。项目包括基因筛查、免疫治疗、干细胞技术治疗肿瘤、远程医疗及大数据服务，以中医药为代表的精准医疗。亿健康，全球精英健康私享会，提供五大私享服务：私人医生团队、国际前沿医学技术、智慧医养、国际国内就医通道、会员俱乐部。

员工智道

（走进九华山）

傅缘 编著

浙江人民出版社

题九华山

九华佛国天下传
晨钟暮鼓响山川
佛声佛号催梦醒
慈悲和谐满人间

二〇〇八年春月张子台于九华山

目录

第一部分

九华山位于安徽省池州市青阳境内，古称陵阳山、九子山，因有九峰形似莲花而得名。素有"东南第一山"之称，是中国佛教四大名山之一、地藏王菩萨道场、上古学仙修道圣地。保留着清朝乾隆皇帝御赐金匾"东南第一山"。

九华山风景区面积120平方公里，保护范围174平方公里。景区方圆100千米内有九十九峰，主峰十王峰海拔1344.4米，山体由花岗石组成，山形峭拔凌空。

九华山古有九华十景：天台晓日、桃岩瀑布、舒潭印月、九子泉声、莲峰云海、平冈积雪、东岩宴坐、天柱仙迹、化城晚钟、五溪山色。现由五区、一线和一环组成。五区：柯村新区、九华街区、甘露寺景区、花台景区、大铜像景区。一线：九华河生态景观廊带。一环：大铜像景区、甘露寺景区、九华街景区、闵园景区、天台景区、花台景区。

2006年，九华山风景名胜区获得首批国家重点风景名胜区荣誉。2007年，池州青阳县九华山风景区被评为国家AAAAA级旅游区。2009年，九华山通过国土资源部评审获得国家地质公园资格。2014年，安徽省九华山风景区成为第四批全国文明风景旅游区示范点。

九华山作为佛教圣地，清净、庄严、神圣。其肉身菩萨的不断出现，成为九华山佛教的一大特色，同时也为这座佛教名山披上了一层神秘的面纱。

一、创作意图

九华山是中国佛教四大名山之一，地藏王菩萨道场。地藏王菩萨以"大愿"和"大爱"的德业在世间广为弘传，并且成为汉传佛教的四大菩萨之一。一千多年来有无数人拜访九华山，歌颂赞美九华山的传说和作品无数。怎样更好地用自己独特的视角、创新的方式去宣传九华山？这个问题长时间困扰着我。过去多次上山，屡屡感受到李白所写的"妙有分二气，灵山开九华"，觉得九华山的九十九峰不仅像"莲花"，还是一尊"卧佛"，在我脑海中若隐若现。于是，这每一处皆是佛化的自然胜景变成了我的灵感来源和创作动力。同时，宣传美丽九华山风景区，宣传美丽中国，让人们更加热爱祖国，热爱中国传统文化，相信真、善、美，实践真、善、美，也是我们的责任和义务。

见山见佛

二、创作过程

2010 年 1 月 17 日又到九华山。正巧赶上当地普降瑞雪。18 日那天迎着飘飘雪花，顶着凛冽寒风，登上九华山。虽然天气寒冷，但是山上阳光普照，紫气东来，空气清新，猴子成群结队出现，喜庆瑞相频现。这时候我心中感觉有巨大的创作愿望。在一个特别的角度，清晰地看到了九华山好像是一尊卧佛微笑着，就像是释迦牟尼佛化身。菩萨的愿力各有不同，地藏菩萨学习释迦佛，发愿要在此秽土度众生，所以被认为是释迦佛精神的真正继承者，能清晰地看到佛像并记录下来是多么难得和殊胜啊！我激动地用了上百种姿势拍下了"见山见佛"这张照片。

三、独创性

这张照片把传说中"九华山的山峰好像一尊卧佛"变成了现实，形象生动，惟妙惟肖。这尊卧佛是

自然风景和佛教文化的巧妙呼应和有机融合，无论是平放的角度，还是竖立的角度都能感觉到佛像的真实不虚，正应了唐代刘禹锡观山时的赞叹——"奇峰一见惊魂魄"，"自是造化一尤物"。

　　做人如水，做事如山。思路清晰比卖力蛮干重要，心态良好比技术水平重要，选对方向比勤奋努力重要，做对事情比做好事情重要。

睡佛喉结　　睡佛下颏　　　睡佛嘴唇　　　睡佛鼻梁　　　睡佛睫毛　　　　　　　睡佛额头

官方宣传图片之一

工作给的不仅是报酬，还有学习、成长的机会。同事给予工作中的配合，客户帮助你创造工作业绩，对手让你看到差距，磨难促使你不断完善自我。

九华山最佳摄影点
The Photographer's Spots
구화산 촬영명소

天然睡佛

呈南北走向，由大小不等、高低不等的山岩或山峰组成。无论从南向北观看，或从北向南观看，皆成佛像，五官清晰，神形兼备。

The Landscape of Buddha's Side Face
The opposite peaks in your eyeshot form a Buddha's Side Face with the forehead, eyelid, nose bridge, lips and the lower jaw so obvious.

천 연 수 불

천연수불의 머리는 남쪽을 향하며, 크고 작은 바위와 높낮음이 부동한 암석 또는 산봉우리로 조성이 되어있다. 어느 방향에서 보더라도 모두가 불상으로 보여지며, 이목구비가 또렷한 모습이 신비로움을 자아낸다.

中国摄影家协会新媒体委员会 推荐
九华山风景区管理委员会
二〇一六年六月

官方宣传图片之二

很多企业考察员工的第一条就是敬业，其次才是专业水平。有用才能被重用。与其时时抱怨，不如改变自己，每天努力一点，进步一些。

官方宣传图片之三

　　过去的你，再优秀、再辉煌，也是过去，不要背着过去的包袱。从来没有见过一只蜗牛能爬得很远。

佛在花台

　　九华山是佛教圣地，来者都是带着一颗虔诚的心走进庙堂，烧香拜佛。而花台群峰所呈现出的"天然睡佛"等自然现象，更使整个景区充满了神秘与灵气。

　　花台没有寺庙，不见香火，但处处有佛。"睡佛""佛佗"、"佛字"、"花和尚"、"财神像"，以及"金龟"、"佛门"、"戒石"、"闵公故事"、地藏菩萨"袈裟借地"、"神犬旺财"、"阴阳二气"等自然景观和主要的佛学精典故事都出之于花台。这就是花台的神秘和灵气所在，是九华山佛文化的发源地。

　　"花台是一座天然的庙宇殿堂。这座殿堂供奉的就是佛祖和地藏王菩萨。来九华山烧香拜佛，上花台亲近睡佛，聆听佛音，将自己的心愿告诉佛祖，才算是功德圆满。"这是佛学界的专家学者依据史料记载，通过对九华山佛教历史的研究，和地貌所呈现出神奇自然现象得出的佛学论述。早在一千多年前，金乔觉（后来的地藏菩萨）就知道花台有大佛显现，是九华山最灵气的地方，所以他才到此向闵公"袈裟借地"。

　　花台因盛开高山杜鹃花而得名，素有"北有香山红叶，南有花台杜鹃"之美誉，而鲜花供佛才是古人把这里取名花台的真正含意。花台正顶是游人香客在此敬献鲜花，拜佛祖、拜地藏、拜睡佛、拜财神，以求功德圆满的最佳境地。

官方宣传图片之四

从低处进入，由低到高，是智慧的生存方式。让人们不断产生新的期望，会收到事半功倍的效果。在人生道路上，决定成败胜负的不是一个人的技术水平，而是一个人的智慧和心态。

官方宣传图片之五

　　该表现才能时能够表现是睿智，该隐藏本领时能够隐藏是城府。屈伸有度是成熟，意气平和是修养。

见山还是山

　　当面表扬人，私下委婉批评人。尤其不能用情绪化的方式去批评人，更不能随意评价他人的人格。

水滴融入大海，个人融入团队。服从安排，遵守纪律，才能保证战斗力。不做团队的"短板"，要给自己"增高"。

　　心无旁骛，专心致志，量化、细化每天的工作，跟穷忙、瞎忙说"再见"。拖延症、完美主义是高效率完成工作的"绊脚石"。

工作不能只讲报酬，首先要思考如何把事情做好。只问耕耘，不问收获。成事在天，谋事在人。

工作中要多沟通，多协调，带着方案去提问题，当面讨论，当场解决。提高情商，宽广胸怀，做大格局。

有勇敢没智慧，就成了鲁莽；有机敏没智慧，就成了滑稽；有执着没智慧，就成了固执；有善良没智慧，就成了懦弱。

　　从"要我做"到"我要做"，主动分担一些"分外"事。学会毛遂自荐，高标准要求自己，要求一步，做到三步，先做后说。拿捏好尺度，不要急于表现，甚至抢别人的风头。

别人给予自己的伤害，要早早忘记；别人给予自己的恩德，要牢记在心。感恩让自己快乐，让智慧和力量散发光芒。

不要停留在已有的经验上，要以"空杯"的心态去学习，去汲取新的知识，挤时间给自己"增高""充电"。挑战自我，扬长避短，发展自己的"比较优势"，未雨绸缪。

　　一开始就要想到怎样把事情做成，办法永远比问题多。聪明地工作不仅仅是努力工作，还要创造条件，把任务超预期完成。

对于仁慈的领导，你要心存感恩，更加严格要求自己；对于严厉的领导，你要心存感激，更好地完善自己。

　　诚实做人，不耍小聪明，不贪小便宜。不浪费公司的资源，哪怕是一张纸。珍惜工作时间，节约成本，努力做到利益最大化。

　　与其把时间、精力用在与领导的感情投资上，不如用在工作上。其实，领导最喜欢听员工说"这事我能行"！工作能力才是最重要的。

第二部分

九华山开辟为大愿地藏王菩萨道场，成为一千多年来僧侣及大众的朝圣地，缘起于新罗国僧人"金地藏"的修道故事。新罗国王族金乔觉，于唐玄宗开元年间到九华山求法，经南陵等地登上九华山，于山深无人僻静处，择一岩洞栖居修行。当时九华山为青阳县闵员外属地，金乔觉向闵氏乞一袈裟地。闵员外以为几亩或数顷都不在话下，何况只是区区一袈裟地，自然不假思索、慷慨应允。金乔觉袈裟轻轻一抖，展衣后竟遍覆九座山峰。闵员外十分诧异，大开眼界，叹未曾有，由静而惊，由惊而喜，心悦诚服地将整座山献给"菩萨"，并为持戒精严、艰苦修行的高僧修建庙宇。

　　九华山地藏菩萨露天铜像身高84米，莲花座底盘高度99米，是目前世界上最大最高的佛教造像之一。地藏菩萨为比丘相，右手持锡杖，左手持摩尼宝珠。面向西北方，端庄慈祥，以示"昭示众生，国泰民安"。

生气不如争气。看别人不顺眼是自己修养不够。把看不顺眼的人看顺眼，把不可能的事做成功，这才能体现一个人的修养、能力和水平。

　　心态决定命运的广度，气量决定成功的宽度。小肚鸡肠，斤斤计较，难以成大业。宽容待人，认真做事。容别人难容之事，做别人难做之事。

多看别人的长处，那人就可爱。只看别人的短处，那人就可恶。相互拆台不如相互合作。团结就是力量，就是效益。

工作要有责任心，责任心强，工作成绩才出色。不能一心只想着做大事，而是应该把每一件小事做好。细节决定成败。

　　有些事情要坚持每天做到，再忙也要去做。譬如每天修身养性，每天锻炼身体，每天读书学习。

世上三个宝：好身体是个宝，合法财富是个宝，聪明才智是个宝。有什么不能有病，没什么不能没有智慧。

　　高人指路，贵人相助，小人监督，亲友鼓励，自己努力。努力不一定能成功，但是不努力肯定不能成功。

与其逢人诉苦，不如让自身变得强大。你无法改变这个世界，但是可以改变自己的内心。

生命短暂，时间宝贵，应该明白该做什么，不该做什么。不要表面忙忙碌碌，实质却空空荡荡。

一个人显赫时，所谓的朋友多，但真朋友少；一个人落难时，所谓的朋友少，但真朋友多。

多学习，长智慧。学习他人的优点，审视自己的缺点，取他人之长，补自己之短。学会投资健康、投资人脉、投资理财、投资提升自己的能力，等等。

　　知恩报恩，滴水之恩当以涌泉相报。善待生命中的贵人。切忌"过河拆桥"，信誉是无价之宝。

老老实实做人，踏踏实实做事。得意时不要忘形，失意时不要失态。祸福相依，否极泰来。

你的业绩可能会引来妒忌、诽谤，而你的过错却备受关注，所以要格外谨言慎行，尽量不要逞能、斗强。

　　不要站在他人的影子里，而要关心自己的形象。过好自己的生活，滋润自己的心灵。物质生活要往下比，越比越快乐；精神生活要往上比，越比越高尚。

　　不媚上，不鄙下。在人之上，要把别人当人；在人之下，要把自己当人。别把领导当"敌人"，换个角度看，领导就是"导师"。

路是自己走出来的，别人只能帮你一时，不能帮你一世。让自己的内心强大，自立自强，才有尊严和幸福！

　　找对路，跟对人，做对事。人生的方向错了，再努力也是白费，而且会离成功越来越远。及时停止，反省、修正，才是最智慧之道。

没有风险是最大的风险，生于忧患，死于安乐。温水煮青蛙是人生最大的悲剧。

样样好，不如一样精。创新、融合、整合、勤勉是成功的法宝。诚信为本，优势互补，互利互惠。

　　才高不必自傲，不要在别人面前炫耀。自己不说、不宣扬，别人也能够看到你的成绩。

从低处进入，由低到高，是智慧的生存方式。进入社会的起点一定要低，哪怕你有雄心勃勃的理想和伟大的壮志，哪怕你拥有很高的学历和文凭，哪怕你掌握很强的技术和本领。

　　"对于所受的伤害，宽容比复仇更高尚，漠视比雪耻更有气派。"仇恨是伤害自己的毒药，而不是帮助自己成功的良药。

　　一个人成功路上的最大敌人，往往不是拦路的巨石，而是硌脚的沙子。

第三部分

唐天宝年间，诗仙李白曾数游九华山，睹此山秀异，九峰如莲花，触景生情，在与友人唱和的《改九子山为九华山联句并序》中曰："妙有分二气，灵山开九华"，"九子山"因此改为"九华山"。李白吟九华山诗云："昔在九江（长江）上，遥望九华峰，天河挂绿水，秀出九芙蓉。我欲一挥手，谁人可相从？君为东道主，于此卧云松。"其中"天河挂绿水，秀出九芙蓉"诗句成为描绘九华山秀美景色的千古绝唱。唐代刘禹锡观山时赞叹："奇峰一见惊魂魄"，"自是造化一尤物"，"江边一幅王维画，石上千年李白诗"。

经常要问自己："每天在忙什么？"要从"为欲望而劳役，终日为琐事而忙碌"的状态中解脱出来。

　　当自己的内心充满喜悦时，遇到什么样的领导和同事都是可爱的。当自己的内心充满智慧时，遇到什么样的问题都能迎刃而解。

　　用批判的眼光看世界，世界是残缺的。用挑剔的眼光看周围，领导和员工是愚蠢的。用欣赏的眼光看他人，身边的每一个人都是自己学习的榜样。

　　与众人相处时管好自己的嘴巴，谨言慎行；独处时守住自己的内心，宁静致远。

　　工作中遇到的每一个人都是你的导师，碰到恶人教你忍辱之道，碰到善人教你感恩之心。

每天都应该心生喜悦，心怀感恩。当你遇人遇事生气烦恼痛苦之时，实际上你把快乐的钥匙交给了别人，让别人做了情绪的主人。

　　为同事一句话、一个脸色、一件小事而大发脾气，这是很愚蠢的行为。管理好自己的内心，不要受外界干扰。

　　有付出，就有得到。行善得善，行恶得恶。奉献爱心，收获关爱；伤害他人，终会伤及自身。

人生最大的资本是健康，最大的财富是快乐，最大的幸福是不计较、不愤怒，最大的成功是悠然自得、心想事成。

　　光忧虑是没有用的，应该要有实际行动。工作的问题可以解决，就用智慧去处理；工作的问题不能解决，就智慧地放下。

当你理亏的时候，说再多也无济于事；当你真理在
手的时候，不说什么也是对的。

　　面对非议，不要烦恼最好的办法是保持静默。当别人的赞美和贬低都无损你的内心时，智慧之树已经在你身上开花结果。

快乐的生命很简单，"一个简单的生活方式和一颗满足感恩之心"。珍惜自己所拥有的，不盲目贪婪。

　　无欲则刚，不要做欲望的奴隶。"欲望－实力＝痛苦程度"，欲望大于实力，且永远无法实现，是人生最痛苦的事情。

不要争当主角，一时的风光换来长久的烦恼与痛苦。要甘愿当配角，默默为他人铺路架桥。

先求生存，后求发展。先做小事情，才能做大事情。一屋不扫，何以扫天下？

讷于言而敏于行。面对不公平现象，不气愤，不宣泄。百病生于气，生气不解决问题，反而伤害身体。

　　"有度量去容忍那些不能改变的事，有勇气去改变那些可能改变的事，有智慧去区别上述两类事。"这是成功的三要素。

　　坚持原则，小事退让，退一步海阔天空；大是大非，绝不能退让。小事情、小问题，则一笑了之。

人生路上会遇到不同的人：恩人，给予你无私帮助；小人，促使你谨慎自律；友人，与你携手共进；爱人，给你力量信心；贤人，引你走出困境。

任何时候都不可鲁莽。一个人只有学会克制自己的情绪，才能够做大事情、成大事业。

　　雄鹰站立时好像睡着一样，老虎行走时像病猫一样。有才华、有本领不轻易显露，大智若愚，不要锋芒毕露，处处显能。

第四部分

九华山是上古学仙修道圣地之一。据《福地考》载，九华山位列道教的"七十二福地"之第三十九位。最早在九华山进行宗教活动的是道教。曾有不少高道在九华山修炼，至今仍流传着许多优美动人的与道教有关的故事和诗文，九华山不少地名也都与这些道教人物和传说有关。今天九华山的"真人峰""葛仙丹井""葛仙洞"被认作是葛洪等人修行的遗迹。陵阳县令窦子明，及其后的子安白日升仙等广为流传的神话，反映了早期九华山是仙家修行地之一。

上善若水，厚德载物。地低成海，人低成王。低调做人，积极做事。

圣者无名，大者无形。贵而不显，华而不炫。韬光养晦，深藏不露。做人留退路，做事留余地。成熟不世故，聪明不糊涂。

学会换位思考，凡事不可感情用事。把简单的事情复杂化是愚蠢，把复杂的事情简单化是智慧。

做人做事必须有道德底线。事不能做绝，话不能说绝。团结小人不坏事，团结能人干大事。

　　对于当面的夸奖，不要太认真。对于奉承、献媚，可以一笑而过。对于背后的夸奖，要珍惜。

　　追求真善美，以德服人，与人为善。离是非小人远一点，靠真心爱人近一点。

　　遇到好人要心存感恩，珍惜爱护；遇到恶人要心存宽容，避而远之。工作中要努力做到名实相符，要配得上自己所处的位置，工作中取得的荣誉是人生前进的动力。

不要把工作的不顺心带到家里，也不要把家庭的不顺心带到单位。

待人接物要摆正位置，不要总是自我感觉良好，以自我为中心。你简单，世界就简单，你复杂，世界就复杂。

人无远虑，必有近忧。紧盯远方目标，走好脚下道路。拒绝诱惑，懂得取舍。

过于怀念往昔会带来悲伤，过多思考未来会带来恐惧。快乐活在当下，今天的心、今天的人、今天的事才是最重要的。

　　没有人喜欢听你抱怨生活、抱怨工作，除非是你的至亲爱人。人生就是这样，越抱怨越没有好心情，越抱怨越容易倒霉。

　　有些伤口，时间久了慢慢就会愈合；有些委屈，想通了也就释然了。

　　遇到一件事，倘若喜欢，就享受它；倘若不喜欢，就避开它；倘若避不开，就改变它；倘若改变不了，就接受它；倘若接受不了，就处理它；倘若难以处理，就放下它。

如果你看到前面有阴影，千万别害怕，那是因为你的背后有灿烂的阳光。

人生的本质在于平衡：心理平衡，饮食营养平衡，人际关系平衡，财务收支平衡，人与自然平衡，等等。

工作勤奋，劳逸结合；为人处世，不玩心术；处理事情，不躁不怒；讲究生活，追求品质；知足平和，一生幸福。

　　选对老师，一生智慧；选对伴侣，一生幸福；选对行业，一生成就；选对朋友，一生快乐。

　　"不争，元气不伤；不畏，慧灼闪光；不怒，百神和畅；不忧，心底清凉；不求，不卑不亢；不执，可圆可方；不贪，富贵安康；不苟，何惧君王！"

　　"多读书养才气，慎言行养清气，重情义养人气，能忍辱养志气，温处事养和气，讲责任养贤气，系苍生养底气，淡名利养正气，不媚俗养骨气，敢作为养浩气，心宽容养大气。"

言行不一致的人最讨人厌恶。表里一致，言行一致，是衡量人品的一个重要标准。当面一套，背后一套，表面好话说尽，背地里尽是阴谋诡计，这种人一旦被识破，其悲惨的处境是可想而知的。

没有工作，就没有面包。没有面包，就无法生存。无法生存，谈何发展？首先要去寻找一份能够让你生存下来的工作，解决面包问题，而后再去琢磨发展问题。

　　上不可媚，下不可慢。钱不可贪，文不可抄。师不可骂，友不可卖。

狭路相逢，勇者胜；勇者相逢，智者胜；智者相逢，仁者胜。

第五部分

九华山是地藏王菩萨道场，金乔觉驻锡九华，苦心修炼数十载，唐贞元十年（794），于九十九岁高龄圆寂。其肉身置函中经三年，仍"颜色如生，兜罗手软，罗节有声，如撼金锁"。根据金乔觉的行持及众多迹象，僧众认定他即地藏菩萨化身，遂建石塔将肉身供奉其中，并尊称他为"金地藏"菩萨。九华山遂成为地藏菩萨道场，由此声名远播、誉满华夏乃至全球，逐渐形成与五台山文殊、峨眉山普贤、普陀山观音并称的地藏应化圣地。据明代《池州府志》、清代《九华山志》等文献记载："东晋隆安五年（401），天竺僧杯渡禅师来山传经布道，创立茅庵"。《安徽通志》卷四十记载："晋隆安五年，杯渡禅师创寺于九华山"。梁天监二年（503），有僧人伏虎，居拾宝岩，建伏虎庵为道场。

唐开元末年，金地藏"洞居涧饮"闭目苦修，感动诸葛节等人，买檀号旧地，建化城寺。金地藏圆寂后，肉身不坏，后人建肉身塔供奉，九华山化城寺被辟为地藏菩萨灵迹。佛教靠苦行感化，靠名僧奠定根基，而李白改"九子山"为"九华山"，更增添了九华山的名气。南宋末禅宗的进入，使其成为明清"四大名山"之一。南宋末，临济宗、曹洞宗先后传入九华山，为九华山佛教输入了血液。其间有希坦等一大批诗僧组成的"九华诗社"及《九华诗集》；因反秦桧并遭迫害而名声大振，圆寂后被尊为"定光佛"的宗杲传经化城寺；北、南两宋，王安石、范成大等名臣墨客游览九华山；清初四帝弘佛，尤其是明代无暇和尚，圆寂后肉身不坏，封为"应身菩萨"，遂使九华山在明末清初为"江表诸山之冠"，成为四大佛教名山之首。

此间佛教主要靠自身主动吸收新养分，名僧行持而兴。文人骚客的雅助、帝王的扶助，遂使九华山佛教至于鼎盛。九华山成立佛教协会，结社护教。成立"九华山佛学院"加强佛学研究与交流，广泛增进同朝鲜、印度、日本等国外佛教界的交往。此间佛教对内主要靠自立自强，对外靠扩大交往，扩大国际影响。改革开放后，九华山成立协会、建立佛学院、保护文物、开展学术交流，九华山佛教也随对外开放、旅游产业的兴起真正走向世界。

不要抱怨没有好的出身，不要抱怨工作环境差，不要抱怨自己的才能无人赏识，人生总有太多的不如意，积极工作，快乐生活，才是正道。

　　沉得住气，弯得下腰，抬得起头。学会在不同的环境中求生存，不要怨天尤人，更不要抱怨命运的不公，要保持乐观进取的好心态。

谦逊待人，平和处事。取人之长，补己之拙。正大为先，诚恳为贵，通达为怀。

　　让一步换来和气，争一步惹来晦气。留条生路给别人，等于留个机会给自己。

信用是金，诚信为本。最好的担保人是自己，诚实是自己最好的招牌。

才能不是说出来的,而是干出来的。在别人畏缩不前的关键时刻,要勇于担当,以智取胜。

一个篱笆三个桩，一个好汉三个帮。近朱者赤，近墨者黑，不要滥交朋友。选择合作伙伴，首选是人品。

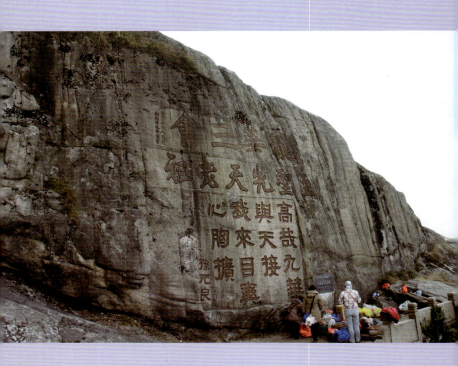

人品好工作能力强，气场自然强。认真把事做好，谨言慎行，善待他人，修炼心性，个人魅力自然大。

靠山是靠不住的，不要刻意去拉关系，要把心思精力放在提升自我能力上。

　　世上只有想不通的人，没有走不通的路，更没有做不成的事。只要方法对，成功之门就能开。要善于琢磨，肯动脑筋，敢于创新。争取主动，步步领先。消极彷徨，时时落后。

　　拿得起、放得下，刚柔并济。吃得菜根，百事可做，能上能下。

不要抱怨坐"冷板凳",学会在等待中坚守自己的信念,快速提高自己的能力。把苦难当作最好的老师。

　　胆大心细，绝不鲁莽浮躁。想好了就果断出手，绝不优柔寡断。做人要有眼光，眼光决定成败。

聆听得智慧，多言变愚蠢。多聆听，哪怕别人的话不在理，也要让对方把话说完。

　　求知用加法，自满用减法，消极用除法。人生三法，看远、看淡、看透。前半辈子不要害怕，后半辈子不要懊悔。

　　感恩伤害你的人，因为他磨炼了你的意志；感恩绊倒你的人，因为他健壮了你的双腿；感恩欺骗你的人，因为他增长了你的智慧；感恩藐视你的人，因为他唤醒了你的尊严。

累不累取决于你的心态，痛苦与烦恼取决于你的心念。彻底放下自卑，唯有奋斗才能改变命运。

天天烦恼的，容易活得痛苦。天天算计的，容易烦恼缠身。生活、工作快乐多，是因为计较得少。倘若事事计较，烦恼天天有。倘若宽容大度，烦恼自然无。

工作的态度胜过工作的能力。成功道路上，你的韧度胜过你的才能。做人上，你的气度胜过你的精明；做事上，你的细心胜过你的速度。

当别人谈论时你倾听，当别人抱怨时你微笑，当别人徘徊时你坚守，当别人消遣时你学习，当别人放弃时你坚持。于是，当别人叹息时你就成功了！

　　相由心生，病由心生，命由心转。世界的美丽和丑陋在你的眼里，更在你的心里。你对世界微笑，世界也对你微笑。

图书在版编目（CIP）数据

员工智道. 走进九华山 / 傅缘编著. —杭州：浙江人民
出版社，2016.11
ISBN 978-7-213-07678-7

Ⅰ.①员… Ⅱ.①傅… Ⅲ.①职业—职业道德—
通俗读物 Ⅳ.①F272.92-49

中国版本图书馆 CIP 数据核字（2016）第 265939 号

员工智道(走进九华山)

作　　者：傅　缘　编著

出版发行：浙江人民出版社(杭州市体育场路 347 号　邮编　310006)
　　　　　　市场部电话：(0571)85061682　85176516

集团网址：浙江出版联合集团　http://www.zjcb.com

责任编辑：李　雯

责任校对：姚建国　王欢燕

封面设计：王　芸

电脑制版：杭州兴邦电子印务有限公司

印　　刷：浙江新华印刷技术有限公司

开　　本：787mm×1092mm　　1/32　　**印　张**：4

字　　数：5 万　　　　　　　　　　　　**插　页**：4

版　　次：2016 年 11 月第 1 版　　　　**印　次**：2016 年 11 月第 1 次印刷

书　　号：ISBN 978-7-213-07678-7

定　　价：37.00 元